La Licorne dans le Lointain (enfin, Revenue)

ADSO

La Licorne dans le Lointain (enfin Revenue)

La Licorne évolue dans tous les espaces, elle occupe l'arrière plan des forêts : la partie la plus éloignée de la perception.

Elle peut être éloignée dans le temps, l'espace ou l'intensité, c'est-à-dire le passé, le futur ou l'avenir lointain. La licorne fréquente les terres distantes, les étoiles éloignées.

Elle peut parcourir toutes les distances, toutes les longueurs qui séparent deux points, sans faire intervenir le temps humain. Elle a une connaissance implicite de l'orthodromie (arc de grand cercle passant par deux points). La distance s'entend à vol d'oiseau, et la géodésique devient naturelle. Elle est toujours proche du monde mais invisble, nous ne pouvons que sentir son souffle de vie. Elle est l'amie des poètes parce que le mot et la lumière peuvent jaillir depuis ses sabots sur les pierres et se disperser dans la forêt, l'arrière-plan.

Pour le poète se pose la question de la proximité sémantique, il s'intègre parfois pour lui deux concepts qui appartiennent à deux hiérarchies distinctes, souvent présents ensemble dans un même univers perceptif. Ou qu'une part importante de leurs relations les unit. Pour le poète, parler de la Licorne dans le lointain, c'est trouver le vol d'oiseau de toutes les distances : l'intensité.

Cependant les notions de proximité et de similarité sont bien distinctes. Il s'agit de la théorie Gestaltiste fondée par trois chercheurs : Kurt Koffka, Wolfgang Köhler et Max Werteimer. Ils ont défini la loi de proximité et la loi de similarité dans l'impact du cerveau.

La Loi de proximité, indique que le cerveau regroupe les éléments qui apparaissent souvent ensemble, qui sont proches dans une même zone perceptive ... (les lettres formant un mot).

La Loi de similarité, indique que notre cerveau regroupe les éléments qui paraissent semblables.

Dans l'univers ces Lois se rassemblent autour la joie de retrouvaille, un nouvel épanouissement, l'apparition de bonnes nouvelles … Dans le retour du printemps, le retour de la vie.

Ce que le naturaliste Émile Édouard Charles Antoine Zola (1840-1902) a exprimé dans *Le rêve* en 1888 à la page 57 : "La poussée des feuilles tendres, la transparence des soirées chaudes, tout le renouveau odorant la terre." Le printemps est intrinsèquement : le radoucissement progressif de la nature, la fonte des neiges, le bourgeonnement, la floraison des plantes, le réveil des animaux hibernants, le retour de certains oiseaux migrateurs, l'arrivée du prince-charmant.

C'est surtout l'espace dans lequel la licorne se régénère dans sa proximité et sa similarité avec le rêve de l'Homme qu'elle fleurit sans cesse.

Éditions : BoD - Books on Demand
12/14 rond-point des Champs Élysées
75008 Paris
Imprimé par – Books on Demand, Nordestedt
ISBN : 9782322086078
Dépôt légal : juin 2019

La Licorne et ton soleil

Autorisent une nouvelle merveille :
La lumière du soleil, ne s'éteindra jamais ;
Car il s'agit, de la clarté.
La seule, unique et dernière vérité.

Comme un vent léger qui vient de très très loin,
Aussi doux que tes yeux satins ;
Qui protègent mes jours, mes nuits :
C'est-à-dire la vie,
Qui jour après jour se lève.
C'est le plus beau rêve
Surtout quand il franchit les barrières
De l'imaginaire
D'un sommeil profond … des millénaires.
À penser à Toi, que je n'oublierai jamais !
Tu m'as tout pardonné,
Tandis que moi je t'ai toujours aimé.

Tu es la plus belle étoile de mes nuits
Le soleil qui se couche près de l'horizon, chaque envie !
Dans l'univers entier.
Oui, la lumière est la première identité
De la Vie,
Cette vie que l'Éternel a choisi …

Par hasard,
Entre l'oubli et l'espoir.
Je t'ai connu,
Je t'ai vu,
Volant parmi les nues
Portées par le souffle de l'éternité.
Je ne cesserai de t'aimer …
Au-delà du temps,
Sur tous les océans
Caressés par tous les vents
Que ce soient les alizés, les brises.
Que plus rien ne brise
Jamais notre arche d'alliance.
Ce n'est qu'une question de confiance.
De temps, parmi le temps
Mon temps qui t'appartient
Jusqu'à tous les lendemains.
Nous avons tant de fois mêlés nos destins,
Et pourtant je n'ai connu que tes mains,
Ta voix, ton regard
Restent gravés dans ma mémoire.

Ton esprit a retrouvé son identité en moi
Et je ne cesserai jamais de chanter l'allégresse par ma joie.
La joie : l'extase sublime de l'amour.
L'oiseau qui se lève et chante au petit jour

Dans un bruissement de feuilles, parfois d'orage(s)…
Je t'aime tant j'essaierai de rester sage,
La plus calme, la plus vertueuse ;
Parce que je sais que bientôt tu feras de moi une femme heureuse
Puisque je sens toujours ton courage
En permanence.
Les anges tentent à nouveau notre chance.
Pour que notre amour ne meurt jamais
Laisse-moi encore admirer
Ton regard si pur
Qui traverse les barreaux les plus durs.
C'est si difficile de te dire à quel point je t'aime
Et pourtant je sens que tu sèmes
Les graines de milliers d'étoiles
Qui telles, une licorne éradiquent toutes les formes du mal
Près du voile transparent
Auquel j'entends constamment
Ton chant.

La Licorne et le jour

C'est toute une histoire d'amour …
Le jour s'est enfin éveillé
Sur tes doux yeux, nouvellement nés.
Et je te l'affirme j'ai pu à nouveau admirer,
Ce regard charmant,
Ce sourire évident
Qui laissent transparaître les émotions de nos âmes réunies ;
Pour toutes ces vies
Qui font respirer la pureté
De ce monde où je t'ai trouvé !
Enfin …
Que soit ensoleillé ton destin.
J'y ai tellement cru
Peut-être m'expliqueras-tu
Le mystère des nues
Dans le ciel
Commun à tous les peuples guidés par l'Éternel ?
Mais, tu me l'avoues
Tu es toujours aussi doux :
Prompt, vif, rapide comme l'éclair,
Ce magnifique tonnerre
Qui ne m'effraie pas
Puisque je sens ton cœur qui bat :
Doucement à l'heure où les fleurs, et les fées me parlent de toi.
Il n'y aura que toi,

Comme roi,
Dans mon existence
Et peu importe ce que les gens pensent.
Je souhaiterais te remercier
Pour tous ces instants magiques que tu m'as donné
Et dont toi seul a le secret,
Scellés dans le creux du livre de la vie,
Des transmissions, des parchemins accomplis.
Je te regarde depuis le ciel,
Et je sens la voluptueuse caresse des ailes,
M'entourer, me protéger.
Je suis profondément heureuse d'aimer
Même si je ne sais pas encore qui tu es …
Le temps me le dira probablement.
C'est là la force de l'espoir
Par dessus tout y croire et voir
Encore des astres, des planètes et leurs mouvements.
Ton regard plus sublime que l'arc-en-ciel,
M'a fait naître fidèle
À tout jamais
Pour être à tes côtés.
Apprendre,
Comprendre,
Réussir,
Pour de notre Terre, l'avenir !
Longue et belle vie à toi
Sur un long cortège de chants de joie.

La Licorne et l'énergie cosmique

Quand l'énergie cosmique,
Fluide et magique
Arrive comme un torrent
Qui circule dans la fleur de ton sang.
Je vois à travers
Toutes les couleurs de la terre.
Pour toi, j'inventerai
Des couleurs qui n'ont jamais existées.
Pour toi, je danserai
À l'étoile qui veille sur ton visage,
(Que je vois dans tous les paysages)
Qui m'inspire le respect.
Platon, lui-même l'a explicité
Dans son œuvre *Le Banquet* [1]
Les étoiles du monde entier
Sont à tes pieds.
L'amour fait depuis longtemps
Découvrir la beauté.
Pas dans le chaos, dans la lumière du soleil levant,
Et cette divine clarté, nous pénètre
Jusqu'au fond de nos êtres.

---

[1] Le Banquet est un texte de Platon écrit aux alentours de 380 avant J.C. Il est constitué principalement d'une longue série de discours portant sur la nature et LES qualités de l'amour. L'amour n'est donc pas seulement le désir de posséder ce qui est bon, mais le dèsir de le posséder toujours.

C'est là, ma connaissance :
Puisque tu es le plus grand roi, depuis ma naissance.
Je me souviens de ton destrier
Qui galopait près de l'étoile sacrée.
Et qui a traversé les vastes plaines d'Hébron,
En direction de Bethléem,
Puis vers Jérusalem.
En fait, dans toutes les directions
Où je t'entendais prononcer mon prénom.
Puissent les vents doux t'accompagner lors de tes trajets,
Où que tu sois, jusqu'à l'éternelle éternité.
Nous pouvons éviter la guerre,
Partir tranquillement jouer dans la mer …
Ou la gagner !
Le destin, un jour saura nous remercier !
Car toi,
Comme moi,
Sommes des êtres existentiellement bons ;
Offrir, comprendre : sentir ton souffle, ta respiration.
Qui élèvent la puissance de ton prénom ;
Jusqu'aux cieux les plus secrets.
La seule fleur que j'accepterai désormais
Viendra de toi,
Encore une fois …
Car tu incarnes la Douceur et la Liberté,
Le rêve de toute l'humanité.

Que notre amour somptueux a sauvé :
La licorne saura toujours résister
Puisqu'elle est née, un jour
On ne sait pas quand
Un jour de printemps, probablement.
Je t'aime mon amour.

Unicorn, la Licorne et le jour

(N'y accorde aucun détour)
Cette joie qui soigne les larmes,
Je te la transmets avec le plus doux charme
Pour que ta peau ne soit plus qu'illuminée par le soleil.
Toi, l'une des plus belles merveilles
Parmi les merveilles
Les plus secrètes.
Ton nom sera porté à chaque sonnette
De la ville, où tu es le plus brillant
Le plus calme, le plus patient.
Parfois, je te trouve sous les océans.
Quelle est la frontière entre les cieux et les flots ?
"Dieu dit : "Que les eaux répandues sous le ciel se réunissent sur
Un même point, [de respect et de la nature]
Et que le sol apparaisse."[i]
De frontière, il n'y en a pas : car il y a tous ces mots
Une création, pleine de voies dirigées vers la tendresse
Pour toi.
Que j'aimerai jusqu'à la dernière fois
Que tu supposeras dernière,
Au pays des solitaires.
Mais qui ne sera qu'un pas en arrière pas
Ou un pas d'avant
Tout dépend de l'espace temps
Que tu auras choisi

Au cours de ta vie
Du haut à ton cerf-volant.
Toutes ces couleurs qui éclairent le monde,
Correspondent à la sonde qui éclaire mon temps.
Je t'emmène dans ma ronde,
Où dansent les fées,
Les oiseaux exaltés
Fous de liberté.
Pour tous, les peuples opprimés
Espérer que tu vas bien, heureux, apaisé.
Surtout que tu ne te perdes plus dans le passé.
Le passé, c'est parfois la mémoire,
C'est aussi notre histoire,
Bordée de coquelicots
Qui dorment sur les flots.
Je me réveille en même temps que toi :
Le soleil est le même pour tous les enfants-rois.
J'aimerais être ta psychagogue,
Et penser à toi, lors de mes visites à la synagogue.
Le mensonge dans mon cœur n'existe pas
Seul le vent te traduit le doux vent
Que l'on raporte et ramène depuis tout cet océan
De ta venue douce vers moi.
Comme à chaque fois …
La plus belle des fois.
Tu m'as tout appris.
Laisse-moi te faire partager ma vie.

La Licorne qui te salue

Se laisse surprendre nue,
Sourit
Et dit :
"Bonjour, cher matin
Je te salue bien."
Les yeux levés vers toi
Aurore et aube de mon aura
L'évanescence
De nos ressemblances
Restera notre plus beau mystère.
Ce vieux rêve, d'oublier toutes ces guerres !!
Je ne soufflerai mot de l'inconnu
Puisque les vents soufflent en continu,
Au milieu des champs de fleurs
Des parfums de ton cœur.
Avec toi, je respire la Vie,
Chaque instant, je suis sur ton chemin bleuï
Pour certaines roses bleues,
Et je suis tes yeux
De ton lever
À ton coucher.
Chaque jour Athéna[2] veille
Sur la sagesse, merveille

---

[2] Pallas Athéna, déesse de la sagesse, de la stratégie militaire, des artisans, des artistes et des maîtres d'école ; elle est aussi la conseillère divine d'Ulysse.

De la pensée, patrimoine culturel
Qui est plus fort que tout le réel.
L'apogée de notre alliance :
Déjouer les apparences
Dans le plus doux silence
Où nos pensées se complètent
Alliant pensées et fêtes.
L'esprit mérite bien quelques chants,
Parfois, plus ou moins du temps.
Tu es pour toujours mon unique printemps
De lumière et de douceur.
Tu n'as jamais commis d'erreur
À croire que tu connais mon cœur
Par cœur.
Rien ne brisera notre union
Étendue sur tous les horizons.
Je t'imagine dormir
En cet instant où Dieu crée notre avenir,
Et je te laisse guider notre navire
Près du nadir.
L'espace t'appartient
De chemins en chemins
Tu deviens un géant,
Jamais indifférent.
Toujours joyeux
Toujours heureux

Devant mon regard qui ne sait te mentir.
La mort n'est qu'un soupir
Sur la partition musicale
De nos rencontres verticales,
Horizontales …

La Licorne et la voûte céleste

Propose des évanescences qui restent
Devant certaines visions du ciel,
Te rendent encore plus belle,
Que cet espoir qui m'a permis d'espérer
De te regarder, sans jamais te soupçonner.
Un juste,
Parmi les justes.
Mais celui que j'aime , au-delà des soupirs de la nuit ;
On ne trahit que ses ennemis.
Parfois, on aime pour toujours
Je crois bien, de plus en plus fort
Que c'est le cas de mon amour.
Tu n'oses jamais dire encore,
Mais ton sourire est ma lumière.
Ma luciole aux ailes de fées
Qui est venue sans prière.
Sur une terre de paix
Un ciel bleu, toujours libéré
Plein d'avions
Que des chants portés par les horizons.
Je rêve de chanter pour toi le matin,
De caresser tes mains
Qui sentent l'équilibre du monde humain
Peu importe qui tu es,
Tu aimes et tu ne hais

Que la corruption.
Souvent, je pense à toi en chansons.
Des chants de victoire,
De paix, d'espoir
De présages, de ton regard fier,
Oublier ceux qui provoquent la guerre … :
L'ignominie.
Tu es le seul fruit,
Dont je veux me nourrir
Ton corps est si pur qu'il m'empêche de partir.
Je serai éternellement à tes côtés.
Le monde sera toujours balancé,
Par le rythme de tes hanches de ta respiration.
Tu es la seule répétition,
Que je t'offre : notre horizon
Que tu as créé une nuit, un matin d'été ?
Un moment où la vie nous a félicité.
Tu es ma fierté, ma dignité
L'un des sauveteurs de l'humanité.
À laquelle je pense appartenir :
À notre avenir
Et partager tous tes rêves d'enfant.
À chaque instant …
De nos univers parfaitement juxtaposés.
Tu es un être sacré.

La Licorne satin

Dans la douce lumière du matin,
Les couleurs se font aussi parfum,
Qui ne sera jamais équivalent à tes caresses,
Ta douceur, ta tendresse.
Peut-être contiens-tu un océan
Dans un cœur de diamant ?
Cette pierre virtuelle que je te donne par amour,
Est ma lumière du jour,
Et la tienne, je le souhaite.
Désormais vers Toi, rien ne m'arrête.
Enfin …, je ne suis qu'une femme
D'un âge qui s'arrête aux portes de ton âme.
L'âme d'un roi
Propose toujours le choix
Par le Lévitique : les Lois de pureté.
Que je crois avoir trouvé
Dès la Genèse
Derrière un doux feu de braise
Qui ne nous effraie pas.
Je sais que tu es là.
Par ta force Manassé a été vaincu
Une nouvelle victoire, qui peut être lue.
Les rabbins sont là
Donc la Force continue vers sa joie,
Une île de lumière, d'amour et de liberté

Que nous ne déserterons jamais.
Nous resterons main dans la main,
Du soir au matin.
Frôler ta peau, sentir ton souffle d'énergie,
Qui se mêle à l'électricité de la vie.

Dans les premiers moments de tonnerre
J'ai entendu aussi ta prière,
Comme un leitmotiv dans ma vie :
Tu es l'arbre et le fruit.
Je ne connais que l'arbre et toi :
Laisse-moi te regarder encore une fois.
Je découvre tes Lois.
Tu connais mon parfum, rien que pour toi.
Aimes-tu ma fidélité ?
Parmi le temps et l'éternité
Je dors sur ton étoile.
Tu te couches derrière les voiles
De notre chambre, notre sanctuaire
Où je t'offre la Terre entière.
À la manière d'un poète
Pour toi
Je serai toujours prête.
Tu es mon roi.

La Licorne et les chants

Douce et belle Licorne, j'entends
Tes invincibles chants
Qui protègent l'amour de ma vie,
Tu es au sens exact de mon infini.
Que cela fut le jour, ou notre première nuit.
Le jour se lève,
Je sens tous tes rêves
Comme le songe, le plus pénétrant.
Tu es si fort, si grand
Aucun être n'est comparable à toi.
Soleil de ma joie,
Soleil (hélios)[3]
Tout simplement.
Laisse naître les fleurs sur les os
Découvrir du ciel, ta plus belle force,
À chaque amour, chaque amorce
Qui grandit,
À l'infini.
L'océan se réouvrira tout doucement
Pour célébrer le temps
Où Dieu nous a conduit sur l'éclat de son rire,
Qui te caresse et te fait sourire.

---

[3] Hélios est progressivement assimilé à Apollon, dieu de la musique et des arts, il mène le char du soleil. Il est l'observateur divin des dieux et des hommes. Homère le nomme : « celui qui voit et entend toutes choses. » : l'Odyssée, XI, 109.

Encore, un beau soupir musical,
De la spirale des étoiles
Qu'aucune colonne d'Héraclés[4]
Dans la force de son éternelle jeunesse
Il ne bousculera :
Nec plus ultra (et pas plus loin, dans cette terre là.)
Tu appartiens au monde de l'humanité,
Comme une apparence momentanée, oubliée
Comme une spirale vers mon paradis
L'escalier aux couleurs infinies.
Les anges chantent ton prénom
Et c'est divinement bon.
Il n'y a plus de honte, il n'y a que du plaisir.
Et cela l'a fait rire …
Dieu !
Beaucoup de personnes cherchent ses yeux
Pour replonger dans l'océan primaire,
Celui de notre Terre,
Où je plante des fleurs chaque matin.
Puisque ton jardin,
Est dans nos mains.
Cela sera sûrement notre unique enfant.
Il ne disparaîtra jamais,

---

[4] Les colonnes ont reçu leur nom d'un des douze travaux d'Hercule, celui durant lequel il dut récupérer les bœufs de Géryon. La localisation des colonnes d'Hercule relève du mythe et se situerait aux alentours des monts Abyle et Calpe.

Et refleurira chaque printemps
À l'endroit où le vent s'est couché.
Pour créer le rire : Licornes et Rivières,
Soleil et Lumière
Dans tes yeux cosmiques
Identiques,
À mes tous premiers rêves.
Tu es un arbre qui déborde de sève.

La Licorne du matin

La licorne, ce matin
S'est à nouveau levée,
Pour t'offrir des pensées et des baisers.
Cette nuit, mon espace fut calme
Comme un lac d'automne,
Comme des branches de palme.

Tout de toi m'étonne
Ma première pensée a été pour toi,
Que j'aime sans effroi.
J'ai besoin de ton rire,
Je dessine ton sourire ;
Et tous ces merveilleux paysages,
Me rapprochent de la force des sages.
Et de ceux qui réclament justice
Chaque matin, devant leurs bureaux, leurs offices.

Je suis conquise par la vie,
Et respectueuse de l'interdit.
Six cents trente mille hommes ont marché au milieu des eaux
Sous un soleil très chaud,
Chaque matin tôt.
Je ne soufflerai jamais mot de tes secrets,
Je préfère les garder sur mon cœur serrés ;
En imaginant que tu es là,

À côté de moi.
Aux bords des paroles murmurées
Qui se lèvent avec les oiseaux du monde entier.
Le monde n'est pas assez grand,
Puisque je t'aime immensément.

Entre le grand et l'immense
Il n'y a que les douces nuances
Du ressac perpétuel,
D'un monde qui espère des histoires belles.
Je n'aurai de cesse de te les raconter,
Si tu veux bien m'écouter.
L'envol de mon oiseau vers toi est léger,
Plein de voluptés.
Qui répondront
Peut-être un jour à tes questions.
Mais qui détient la science ?
Tant que l'arbre de la connaissance
"[…] au mileu du jardin, avec l'arbre de la science
Du bien et du mal."[ii]
Rien, pour l'Homme ne sera jamais fatal
Car la vie existe toujours.
Parsemant son amour,
De-ci de-là
Au creux des bois.
La Licorne chante pour toi

Ce matin,
Et tous les autres matins.
Du monde,
Tu es l'onde
De toute ma vie,
Merci.

Poème sans titre

Je t'écris parce que je veux vivre près de toi
Pour découvrir la merveille de tes Lois.
Tu respires et inspires mes énergies
Dans tous les pays
Que nous visitons chaque nuit.

Ne m'abandonne pas.
J'ai soif de découvrir tous ces endroits
Que tu connais
Pourquoi ? Comment ? Depuis combien d'étés ?
Ma seule réponse est un baiser.
Le vent nous rapproche,
Les étoiles se décrochent
Du ciel, chaque matin
Et je te les tends vers demain.
Aujourd'hui, hier
Il n'y aura bientôt plus de guerre
Et nous pourrons voir des guirlandes de fleur
Qui remplacent les chaines des oppressés et du malheur.

Je suis si heureuse de t'aimer
Tu es cette partie de mon âme qui est ma vérité.
Tu es si pur, je crains de te blesser.
Tu es l'essentiel de l'éternité ;
Que Dieu a posé devant nous.

Les lions se couchent devant tes genoux.
Les biches galopent en liberté ;
Et la Licorne n'a de cesse de t'aimer.

Car tu es une pure merveille :
Rien ne t'est pareil.
Des roses, du miel, du lait frais
Tout ce qui de tes désirs est accepté …
Pour chacun de tes éveils,
Au seuil des éternelles merveilles
Où je plonge devant tes yeux
Qui sont heureux
Et rejaillit dans ton océan d'amour.
J'aime te dire "Mon amour,
Toujours."

J'aime la vie tout simplement,
Parce que tu as capturé le néant
Et que tu seras toute ma vie
L'unique homme que j'aimerai.
Ton instinct m'éblouit
Et ce sera une grande joie inoubliée ;
Et je serai cette vague encore, et encore
Qui viendra caresser ton corps
Pour te rendre de plus en plus fort.
Tu vaincs les serpents,
Puisque tu respectes l'argent.

Révélation

Les poètes doivent toujours penser à l'horizon.
La Licorne est heureuse, lorsqu'elle est libérée du carcan
Du temps.
Même si sans le savoir, Il est son ami.
Pourtant dans toutes les galaxies
On peut souvent entendre son hénissement,
De puissance,
De bon sens.
Comme j'entends le vent
Qui fait remuer ton cœur
Ton glaive ; pour mon plus grand bonheur.
Ma licorne t'aime
Plus que moi-même.
Cela est indestructible !
Notre amour est invincible.
Tu es ce soleil,
Autour duquel je gravite en permanence,
Chacun de tes gestes est une émotion, un moment de merveille.
Il n'y a plus qu'à nous aimer, dans la plus longue danse
Les oiseaux, les couleurs seront tous là
Pour agrémenter notre joie ;
Et nous accorder le droit à un amour infini.
L'essentiel est que tu demeures en vie
Pour bien longtemps.
Comme un roi, charmant.

Que Dieu a réuni
Pour la vie,
Dans son calice de paix et d'espérance,
Parmi toi, jaillit l'immense ;
Et je ne suis qu'une fleur qui flotte sur l'eau ;
Et qui libère pour toi, ses mots.

Quel est le plus beau nom
Sinon ton prénom ?
Nous remarcherons
Ensemble vers Hébron ;
Et nous nous aimerons
Jusqu'au nouveau Big Bang astrophysique.
Je t'aime encore plus fort
Je t'aimerai encore
Jusqu'au prochain oracle lunatique.

Vendredi premier février 2019

La Licorne danse toutes les nuits
Pour soulager tes insomnies,
Et te faire respirer les odeurs de mon paradis.
Tu es semblable à la puissante énergie
Du feu,
Dans l'espace miraculeux
De nos correspondances
Qui avancent
Plus vite que le temps ;
Tu es mon passionnant.

Et ce n'est pas parce que les faits ne se sont pas produits
Comme ils sont décrits
Qu'ils n'ont aucune valeur spirituelle :
Voir défiler l'humanité dans le ciel ;
Et être à nouveau entourée par des bras
Plus chaud que le pire des froids …
Comme cet oiseau qui porte la voie lactée
Avec ses petites ailes, pleines de fierté.
Rien n'est comparable à ce que tu m'as donné …
Ce matin, me vient à l'esprit
L'un des premiers mots de la vie
"Amen", qui signifie "je t'aime",
Trois mots simples, mais suprêmes
Ainsi soit-il

Qui flottent autour de tes yeux, là où j'ai posé mon île,
El melekh ne eman
Dieu, roi pour qui émane
Mes exclusives pensées d'amour,
Qui glorifient la naissance du roi David, dans le jour
Où les humains à nouveau aiment …
Bientôt Carême.
Bientôt les retrouvailles avec notre île
Substance fragile
Dont tu es indiscutablement
Avec tes mains d'homme et d'amant
Le gardien :
Le premier cheval du matin.
N'aie crainte je te laisse galoper,
Je suis sûre que tu vas gagner.
Cela s'appelle certitude et respect.

Les roses, le matin te parleront encore,
Et je ne toucherai au fruit d'or,
Car ton immense
Connaissance
Suffit
A combler ma vie.
Je te remercie
Du plus profond de mon âme
L'âme d'une femme.

En quoi diffère-t'elle de ta flamme ?
Le volcan Santorin[5]
Sera calme ce matin,
Et je sais
Que tu passeras une excellente journée.
Je t'accompagnerai jusqu'au bout
Si tu veux bien de nous :
Étoiles, lumière, Licorne et fleurs
Tout simplement pour ton bonheur.

---

[5] Santorin, Thirassia et Aspronissi sont les vestiges d'une ancienne île partiellement détruite vers 1600 av. J.C.-Christ, au cours de la période minoenne. Cette éruption cataclysmique fait partie des hypothèses probables de l'origine du mythe de l'Atlantide : évoquée par Platon. Celle-ci se situe au-delà des colonnes d'Hercule.

La Licorne et la danse

Se parlent dans un miroir de silence.
La Licorne danse dans un lac de feu.
Le vent caresse sa nostalgie bleue que le ciel apaise
Par un ciel sans braise.
La Licorne a les yeux de la couleur des gens heureux :
Une certaine transparence
Une luminosité évidente :
Elle redonne toutes les chances
Ce printemps qui chante
Dans nos mémoires
Où chaque soir
Les fées du monde entier
Tintinnabulent autour des berceaux et des champs de blé.
Il est temps,
À présent
Que les Hommes concluent la paix ;
Pour pouvoir te caresser la main,
Et vivre toute ma vie à tes côtés.
Tous les jours de tes demains.

Tu es la source de toutes mes énergies,
J'ai besoin de toi, chaque jour de ma vie.
Peut-être est-ce un rêve, en tout cas il est beau,
Et rien que pour cela je te dis "Bravo."
Ton langage a tous les pouvoirs

Et fait entrer la lumière dans tous les trous noirs.
Je voyage avec toi,
De galaxies en galaxies.
Je danse dans tes bras
Et je découvre avec toi, les sommets de l'infini.
Au-delà de toutes les épreuves.
Je ne vis plus que pour toi,
Tu actives une espérance neuve
À chaque jour de ma vie.

Qu'est-ce que la vie ?
Un sentier qui se cache et sourit,
Une étoile portée sur ta bouche.
Le partage de nombreuses couches
Où tu reçois l'unique
L'identique
Au roi David.
Qui guide
Au-delà du temps
Vers le mystère de devenir un jour, amants.
Près des vents, de ton visage décalqué sur mon esprit
Qui te remercient.

La Licorne bleue et le Pouvoir

La Licorne se bat dans le noir,
Toujours le cœur avec son espoir.

C'est une magie sublime
Qui éloigne les crimes.

C'est toi l'archer,
De mon identité
De cette eau souple de l'amour
Qui nous caresse dans le jour.

Je peux sentir tes baisers
Rêvés.
Je peux te sentir m'aimer.
Tu es, étais, sera mon bien-aimé
Et ce prodige est notre histoire
Notre victoire.
Nous ne nous perdrons jamais dans le noir
Car tu guides les étoiles vers le soir ;
Et je te rejoins dans le silence
Où les nuages dansent
Sur les fleurs.
Sentir ton odeur
Protéger ton cœur
Ni toi, ni moi n'avons peur
Nous rêvons du même bonheur.

La liberté
Pour le monde entier
Avec ou sans religion,
Tu résistes à toutes les tentations.
C'est la raison pour laquelle je t'aime tant.
Tu es ce vent
Qui prononce Force et Révolution,
Liberté d'opinion :
En toutes saisons.
Avec toi, je ne crains rien
J'apprends chaque matin.
Je trouve en toi l'arbre de vie
Je trouve en toi la beauté de ce paradis
Où j'ai caressé ta main
Plonger dans tes regards d'humain.
Je veux t'aimer encore plus fort
Plus fort que le froid de dehors.
Tu es cet or, sans idôles
Tu es toutes ces paroles
Que j'entends
Au moment
Précis, où tu le veux,
Où tu sentiras mon innocent feu.

À la vie
Toujours te dire : "oui."

La Licorne, amie de Gérard

Parce que le pardon n'est jamais trop tard.
Si Dieu n'existait pas que serais-tu ?
Peut-être un regard parmi les nues.
Sûrement la joie de Noël
Qui réveille en moi, la tourterelle.
Si Dieu n'existait pas
Je serais effrayée sans toi.
Tu pourrais être mon père,
Et pourtant je t'aime comme une mère.
Sans chiens, sans chants artificiels : avec des oiseaux
Parce que tu es simple et beau.
Comme un enfant qui prononce ses premiers mots :
Tu es né avec la Bible dans la main,
Et j'ai besoin, chaque matin
De voir ton regard pur,
Et t'offrir les espoirs les plus sûrs
Qui ont l'air d'en avoir enduré des dunes …
Au bord de la mer blonde et brune.
Chrétiens et juifs ont la même étoile
Un espace sidéral.[6]
Si proche
Qui tous nous rapproche
De Jérusalem

---

[6] Les zones de l'univers situées au-delà des atmosphères et des corps célestes. Il s'agit aussi de l'étendue de densité qui sépare les astres.

À Bethléem,
À Hébron ;
À Sion.

    G. : Dieu laissez-moi hurler votre nom, je vous en supplie
    Ma souffrance est à son paroxysme,
    Je sais que vous entendez mon cri.

    S. : Laissez-moi libre de gérer mon prisme,
    Comme le cadeau que vous écoutez tout le temps,
    Car vous êtes omniprésent
    Du diamant, le ciel,
    Les nuages de dentelle
    Un Dieu qui promet l'amour,
    Aux êtres qui honorent le jour.
    L'amour de ma vie sourit le regard, plein de miel
    Le regard auquel personne n'échappe ;
    Et qui ouvre toutes les impasses :
    Au bord de l'éloignement des Hapès.[7]
    Le cheval dirigé par son étrange corne
    Qui nous protège des interdits et des bornes.

Nous sommes heureux de ce premier poème
D'une grande et belle amitié ;
Comme une fleur jamais persécutée
Qui durera tant que l'amour durera autant que je t'aime,

---

[7] Hapès possède un long passé derrière elle. Sept lunes orbitent autour de la planète qui orbite elle-même autour d'un soleil jaune.

Comme Soi
Et ceux qui parlent à haute voix.
Comme l'a fait Martin Mordekhaï Buber
Dans son plus grand esprit versé jusqu'au littéraire :
"Je et Tu."
On peut très bien recevoir et donner le "Tu."
La femme que je suis
Raconte cette rencontre qui a surgit.
M. Buber ne cessait de proclamer
Que le juif, restait :
Un oriental,
Qui a pour mission universelle de contrer les forces du mal !

La Licorne et la nouvelle histoire

La Licorne chante dans ma mémoire,
Des impromptues du soir :
Des clochettes d'amour,
Comme un premier jour.
Où la Genèse se fondera à ton existence,
Notre force, notre virulence.

Tu es mon succès,
Tu es ma royauté,
Tu es ma liberté.

Si tu savais combien cela est bon
D'entendre les premiers sons
Du jour
Jusqu'à nos jours
Que la vie reconnaît,
À chaque matinée
Des chevaux qui hénissent
Parmi lesquels quelques licornes se glissent.

Je leur dis combien sans toi, je suis en peine …
Aucune fleur ne t'est souveraine,
Parce que ton cœur traduit tout cet amour
Que je porte dans la chaleur d'un velours
Un animal qui n'est pas sourd ;

Et toi, depuis ta tour,
Je te vois respirer les embruns
Dans les rêves que t'offrent mes mains
De notre amour.

Qui flotte sur l'eau
Comme un miracle, un renouveau.
Tu es ma perfection.
Puisque *"Tu feras aussi un candélabre d'or pur [...]."*[iii]
La lumière de l'Éternel dure …
Tu m'as formée à toujours trouver des raisons,
Et en faire des envolées de chansons.
Ils n'en existent qu'en l'Amour et la Liberté
Qui à vrai dire constituent à eux seuls ta vérité.

Comment trouver les mots, pour parler d'un être
Si pur, qui se couche la nuit près des hêtres,
Et que je pose ta conception.
Pour toi, je chercherai toutes les questions.

La solution Albert Einstein la connaissait,
Et il l'a créée
Tourment, qui ne l'a pas empêché d'aimer.[8]
L'amour est la suprême connaissance,

---

[8] Il eut deux femmes : Elsa de 1919 à 1936, et avant Mileva de 1903 à 1919. Il vivra durant 19 années sans épouse jusqu'à sa mort.

Plus fort que la science.
Et tu es cela,
Oui, c'est bien toi ;
Dont j'ai rêvé encore une fois.

La Licorne et les rêves

La licorne de mes rêves
Est dans ton être,
Et ainsi ne pourra jamais disparaître.
La Licorne de tes rêves
S'unit à mes songes secrets
Que tu arrives cependant à lire
À travers mon sourire
Et préservent le baiser
De notre amour sacré.

Ton esprit qui plonge sans crainte de l'ivresse
Au fond des océans lumineux et en liesse
Au plus profond de ma vie.
Ta folie,
Est totalement compatible avec ma folie :
Nous avons les mêmes besoins, les mêmes dépendances !
Sauver le monde de la violence,
Et laisser les gitans ici et là allumer des feux de joie, de chances
De boire notre besoin d'amour au sein des rivières,
Pour faire la paix, après la guerre …
Où nous pouvons nager bras dans les bras,
Sans être vus par qui que ce soit (là).

Le rossignol du point de jour
M'a conduit dans la puissance de la tour

Et produire des actes d'amour
Sur des lueurs photologiques,
Épigraphiques,
Linguistiques,
Sociologiques
Anthropologiques …
La joie !
De pouvoir écrire tout ça,
Pour toi.
De savoir que nous apprendrons tout,
Ensemble, sous le ciel le plus doux
Qui te sacrera
À nouveau roi,
Jusqu'au final :
Ce bouquet d'étoiles
Et la volonté de ne pas faire mal
D'ombre à la ville sainte.
Tu es ma substance vitale
Et je suis enceinte
Chaque instant où je t'écris.
Acceptes-tu d'être papa, de mes poésies ?

La Licorne bleue et la merveille

Avec toi, je m'éveille
Il n'y a rien de plus merveilleux que toi
Sur la terre.
Notre amour sera de plus en plus fort encore une fois
Dans notre lumière
Je t'ouvre la porte des chaumières,
Où ton cœur a ouvert la porte :
En me donnant d'être forte.

Être loin de toi
C'est une épreuve pour toi,
Comme pour moi.
Mais nous sommes là
Juxtaposés sur la même vitesse.
Il n'y a plus de tristesse
Tu es un vitrail de tendresse
À travers lequel tous les hommes sont beaux.
Je comprends les mots qu'il te faut
Cet amour, cet espoir
Qui va de l'aube jusqu'au soir.

Tu flottes dans une galaxie
Où l'amour a trouvé vie
Près de la licorne, douce amie.

Le matin, c'est toujours toi
Qui vient vers moi,
Les yeux plein d'amour
Qui nous réunit dans la fleur du jour.
Et les fées matinales sont toujours là.
J'ai peur quelquefois
De n'être plus rien pour toi.

Je t'ai apporté ma vie,
Le plus grand cadeau qui te sourit
Avec le tonnerre dans mes yeux
Qui te rend si heureux …
Le miracle du regard
Une histoire extrêmement rare.

Le passé n'existe plus, seul le futur compte
Comme la licorne, prompte
Et, toujours victorieuse
Car sur ma bouche est gravé le mot heureuse.
Ce que je suis devenue
Après bien, des envolées dans les nues.
Le ciel sans toi est vide,
Et je ressens la soif aride
D'embrasser le roi David …
De mêler nos bouches
Pour devenir le piano bleu, la touche

De la mélodie
De nos vies désormais unies
À la mienne
Et d'aller jusqu'à ma couche sans haine.

La Licorne et la première

Elle est de temps : d'aujourd'hui et d'hier.
La parole qui jaillit de ton cœur
Est la seule et unique fleur
Que j'accepte,
Car tu me respectes.
Comme l'étoile respecte le soleil
Au pays des merveilles.
Ton sang,
Est celui des plus grands.
Tu éclaires mes nuits comme un diamant
Que je n'accepterai
Que s'il parle de notre éternité.

Je t'ai connu dans les textes sacrés,
"[Tu seras] comme un arbre planté
Auprès des cours d'eau, qui donne ses fruits
[Aussi puissant que la Vie] :
Tout ce que [tu] feras
Réussira[s]."[iv]
Tu es tout ce que je ne veux pas oublier :
Cette vérité plus épanouie sur le sol de ma destinée
Le bonheur
De jouer avec les fleurs,
D'avoir une cause à défendre
En étant toujours tendre.

Ta puissance est une déferlante,
Parmi les plantes
D'Éden : notre paradis
Que nous atteignons sans bruit.
Notre amour est pur, souple …
Peut-être un jour, un couple.
Enfin heureux …
Tes yeux ont vu bien des champs bleus,
Aux fleurs ouvertes dans le ciel.
Tu es mon étincelle,
Mon Mashia.[9]
Le patriarche qui nous conduira tout droit,
Vers la plus grande liberté.
Exactement, celle qu'il voudra donner !
Mais il y a encore du chemin à venir,
La fin des empires.
Pour ne penser qu'à toi
Dans la plus grande et immense joie.
Je t'aime où que tu sois,
Je veux être ta vie
Pour te donner l'infini.
Si cela m'est permis
Puisque mon amour pour toi a encore grandi …

---

[9] Homme issu de la lignée du roi David amènerait à une ère de paix et de bonheur éternelles dont bénéficieraient les enfants d'Israël et le monde qui s'élèverait avec ses croyants.

La Licorne et la matinée

Ce matin, mon bien-aimé
J'ai entendu chanter l'oiseau,
Il exprime ses balades nocturnes
Et tous les songes diurnes.
Dans un ciel qui est éternellement beau
Rempli par tous tes premiers mots,
Ses vrilles sonores
Ne battaient pas aussi fort
Que ton corps et ta Raison d'humain
Qui scrutent nos lendemains
Pour qu'enfin, nous nous embrassions.

Toutes les chansons
Parlent de ton nom
De notre merveilleuse réalité :
C'est là, l'unique vérité.
Qui s'élève en ce jour :
Toi et l'amour.
Tu es la vague de feu
Je suis le parfum de tes yeux.
Sauras-tu un jour à quel point je t'aime
De toi à moi, c'est du pareil au même.
Tu es ce masculin,
Qui parle si bien à mon féminin.
La Licorne nous invite dans son domaine :

Un lieu sans haine
À des milliards de kilomètres,
Mais toujours champêtre
Car les fleurs ne mourront jamais.

Je veux être ta volonté
Ton premier axe de conviction :
Souffler sur les serpents de l'oppression.
Pour vivre enfin une vie étoilée
Où nous nous aimerons pour l'éternité.

Tu es plus fort que l'énergie du soleil,
Plus doux que le miel des abeilles
Et je sais que nous aimons trop la Liberté
Pour se blesser.
Tu es mon baume,
De mon réveil l'arôme.
Ce matin encore je danse pour toi
Devant l'arche d'alliance du plus grand des rois
Que je rencontre quelque fois
Dans mes jours et mes nuits,
Pour tous les moments où je vis, survis
Et danse avec lui.
Et nous pouvons voir,
Le commencement de l'histoire
Aussi durable que la Terre,

S'élevait dans un ciel sans frontière
Resplendir des couleurs éternelles
Du premier arc-en-ciel
Où j'ai cherché partout ton visage.
Toi, qui gouvernes aux mers et aux nuages,
Dans l'éclaircie substantielle
Du plus grand soleil
Qui fait monter l'arc-en-ciel.

La Licorne de la Vie :

Est l'être le plus joli
Qui sait parler
Qui sait chanter
Quand les éclairs des étoiles
S'allument sur le piédestal
Des déserts mystérieux
Que Dieu berce de ses yeux.

L'œil immanent,
Reste puissant
Et écoute ton chant
Pour que nos vies durent au fil du vent.
La Licorne sait te parler,
Te chanter,
Te fleurir.
J'aime que tu me désires,
Parce que tes soupirs
Sont les plus mélodieux
Et ils entrent dans mon corps,
Comme des milliers de fleurs encore
Qui bourgeonnent à l'unisson de tes pas,
Qui se font oiseau, et volent jusqu'à moi.
Et notre nuit première
Se fera dans la lumière
De ton âme royale

Qui m'apprend à parler aux étoiles …
Et je découvre un univers
Qui se conjugue aux courants de la terre.
Je sens tes émois d'amour, monter dans l'espoir de ma lumière
Tu es ma joie, ma première
Acceptant le tonnerre
Qui amplifie nos prières.
Je me couche au bord de tes Lois.
Et tous les anges se réunissent dans l'éclat
De mon amour, pour le roi David, père de Salomon.
Les enfants des premières chansons
Sur les rivages de ma bouche et de mes yeux
Regarde le monde, ce matin, il est heureux
Berger des douces, champion de Goliath
Seul géant vers lequel aucune force n'éclate
Et se fut le plus beau berger,
Qui se révélera grand guerrier :
"Ainsi David vainquit le Philistin avec une fronde et une pierre,
[Dans la lumière]
Et le frappa à mort,
[Sans remords]
Sans avoir une épée à la main."[v]
Tu rapproches de Dieu, le sourire qui nous semble lointain.
Alors, je t'ai admiré,
Et j'ai parlé au silence
J'ai bien compris ton exigence …

Ma prière s'appelle Liberté,
Joie, chemin, paix
Que je vois sans cesse :
Une grande tendresse
Une grotte océane, où tu me caresses.
Les dieux grecs ne nous voient pas
Ne nous éloignent : ni toi de moi[10]
Ni moi de toi.
Tu m'offres les fleurs de l'amour
Et participes à la naissance du jour.

Dès lors, je vole vers toi :
Tu es ma plus forte Loi,
La limite que je ne franchirai pas sans toi.
De la méditerannée,
À l'éternité.
("La mer allée," selon Rimbaud à la sandale envolée)[11]
Il n'y a que ton visage,
Ce magnifique éclairage
Qui donne à mes nuits
Le sourire souple d'une nymphe portée par la vie.

---

[10] Au nom d'Aphrodite, déesse de la beauté, de l'amour et du plaisir. Elle donne naissance à Eros, le dieu du désir amoureux.
[11] « Je rêvais croisades, voyages de découvertes […], république sans histoire, guerres de religion étouffées, révolutions des mœurs, […] je croyais à tous les enchantements. » (Une Saison en Enfer, Arthur Rimbaud a alors 19 ans).

Le premier oiseau

Plane au-dessus des eaux
Après le déluge
Il trouva refuge
Aux ramages de l'olivier
Cet arbre exclusivement sacré !
Et Noé a sourit,
Il avait redonné terre à la vie.
Le premier oiseau du chemin des cieux,
A regardé nos yeux.
Il y a vu de l'amour,
Et son chant s'appelle jour, jour !
Je vole avec tes ailes,
Je cours sur tes décibels
Que Dieu t'envoie comme une ombre réelle.

Les oiseaux se cachent pour mourir[12]
Et ton cœur leur offre une danse de rire.
Ils partiront sans souffrance,
Dans un espace de délivrance.
Nous dansons dans un champ
Sur l'étoile du printemps
Aux mêmes équinoxes sans vent.

---

[12] Lorsqu'ils sont blessés ou qu'ils sentent la fin arriver, ils partent se cacher dans des endroits inaccessibles pour nous. Ainsi à l'abri des prédateurs, ils ont plus de chance de survie.

Où les arbres tendent leurs branches vers toi.
Tu es toi-même : oiseau et roi
Ma pensée flotte dans le vague à l'âme
De mon corps de femme
Qui ne souffre que de ton absence.

Que Dieu, nous rende la chance
De nous aimer encore dans ce silence
Où ton sourire a décroché la lune
Le long des dunes.
Le soleil laisse entrer sa lumière en moi
Pour que je la pose sur toi,
Te couvrir de baisers, de rêves et de vérités
Tu es mon sérum d'éternité.
Et nous nous envolons au-dessus et jusqu'aux
Promesses de Dieu, le regard si haut.
Ta seule faute est d'aimer la vie
Mais cela est ce que Dieu attend à l'infini.
Là où la mer s'allonge, s'allonge sur ton visage,
Tu deviens le seul paysage
Qui me libère
De la guerre.
Ton esprit est un courant
Qui éteint le néant.
Tu es éblouissant comme le furent certains rois,
Et je ne serai jamais sans promesses de foi.

Tu me feras croire,
Tu me feras aimer,
Et toutes nos histoires
Sont écrites sur le Livre de l'été (l'était)
À l'encre de mon cœur
Dont la plume vient de ton bonheur.
Nous partageons tout
Et nous ignorons ce que veut dire le mot fou.

La Licorne heureuse

La Licorne est heureuse,
Et semble radieuse
Car elle sent la vie :
De ton esprit
Cet excellence,
De tolérance
Qui réunit le feu et le haut,
Le haut de l'eau et le bas.
Dans une exoplanète jamais en morceaux ;[13]
Alors je sens tout près de toi
Ton voyage
Dans les mondes les plus sages.
Là où tu parles d'amour,
Et vient ce jour
Que je te montre encore ce matin.
Viens-tu de loin ?
Qu'importe les étoiles te regardent
Monter la garde
Aux corons des océans
Un très humble géant.
Qui ne porte pas de nom

---

[13] Une exoplanète, ou planète extra-solaire est une planète située en dehors du système solaire. L'existence de planètes situées en dehors du système solaire est évoquée simplement au XVIème siècle, mais ce n'est qu'au cours du XIXème que les exo-planètes deviennent l'objet de recherches scientifiques.

Et qui est guidé par Poséidon.[14]
Mon amour pour toi n'est pas un rêve,
Chaque jour je sens ta sève
Nourrir notre arbre de vie
Pour en distinguer la vie ;
De la mort
Et te parler encore
De ta main
Plantée dans le jardin.
Où je laisse pousser mes fleurs
Et deviennent les fleurs de mon cœur
Sans haine,
Au creux de ta douce laine.

---

[14] Poséidon possède un trident, fabriqué par les cyclopes, (pendant la titanomachie : la lutte entre les titans, première génération de dieux menés par Chronos, face à Zeus) et symbole de sa domination des mers. Depuis les océans, il « ébranle », le sol.

Francis Lai : "Comme une pierre que l'on jette."
Projette l'amour et sa silhouette …
Elle écarte les ombres et inaugure les fêtes.
La Licorne et les moulins
S'enroulent chaque matin
Dans le champ du cœur de ta vie,
Et avec toi, je fleuris.
Tu regardes les cieux
En fermant longuement les yeux.
Mais soudain ! La lumière d'or arrive
Et plus aucune crainte n'arrive,
À la plus belle rive.
Ton sourire,
Ton rire
Qui ne font jamais souffrir.

Tu es une clarté qui fait briller
L'Éternité,
Nos soleils d'été.
Redonnent vie à nos racines fatiguées
Par la cadence du vent
Et j'entre en toi, avec mes sentiments :
Tu es le plus grand
L'être somptueux qui me fait espérer tant
Une lumière,
Pour cette Terre

Où la Licorne virevolte, telle la fleur
Que ma main prolonge par cœur
Pour accéder au portail de notre bonheur :
La Licorne fait lever le pain.
La Licorne fait se lever le matin.

Tu es doux comme un velours un pur satin,
Mon oxygène, ma revitalisation
Où je ne mettrai jamais en revue tes questions
Puisque tu chantes tel l'oiseau bleu
Et qui nous fait avancer : heureux
Je t'aime jusque dans la Force absolue
Qui protège nos âmes nues.

Table des matières

La Licorne et ton soleil 7
La Licorne et le jour.. 11
La Licorne et l'énergie cosmique 13
Unicorn, la Licorne et le jour.. 17
La Licorne qui te salue.. 19
La Licorne et la voûte céleste 23
La Licorne satin 25
La Licorne et les chants 27
La Licorne du matin.. 31
Poème sans titre 35
Révélation 37
Vendredi premier février 2019 39
La Licorne et la danse 43
La Licorne bleue et le Pouvoir 45
La Licorne, amie de Gérard 47
La Licorne et la nouvelle histoire 51
La Licorne et les rêves 55
La Licorne bleue et la merveille 57
La Licorne et la première 61
La Licorne et la matinée 63
La Licorne de la Vie : 67
Le premier oiseau... 71
La Licorne heureuse 75
Francis Lai : "Comme une pierre que l'on jette."................................... 77

Références bibliographiques

[i] Gn, 1.9
[ii] Gn, 2.9
[iii] Ex, 25.31
[iv] Ps, 1.3
[v] 1Sm, 17.50